# RAPPORT

# AU ROI,

## SUR LE GOUVERNEMENT

## DE LA MARTINIQUE ET DE LA GUADELOUPE.

# RAPPORT AU ROI,

SUR LE GOUVERNEMENT

## DE LA MARTINIQUE ET DE LA GUADELOUPE ;

PAR M. LE COMTE DE VAUGIRAUD,

Vice-Amiral, Grand'Croix de l'Ordre Royal et Militaire de Saint-Louis, Officier de l'Ordre Royal de la Légion-d'honneur, Chevalier de l'Ordre de Cincinnatus, Lieutenant-général de l'Isle Martinique et dépendances, Gouverneur-général des Isles françaises du Vent de l'Amérique , etc. , etc. , etc.

PRÉSENTÉ A SA MAJESTÉ AU MOIS D'AOUT 1818.

PRÉCÉDÉ

De la Biographie de cet Amiral, depuis sa naissance aux Sables-d'Olonne en 1741 , jusqu'à sa mort à Paris , le 14 avril 1819.

---

## A PARIS,

CHEZ
- MIGNERET, Imprimeur-Libraire, rue du Dragon, N.º 20 ;
- DELAUNAY, au Palais-Royal, N.º 243, Galerie de Bois ;
- MONGIE aîné, Boulevard Poissonnière, N.º 18 ;

Et chez tous les Marchands de Nouveautés.

1822.

# BIOGRAPHIE



## DE M. LE COMTE

# DE VAUGIRAUD.

---

VAUGIRAUD (le Comte PIERRE-RÉNÉ-MARIE DE,) vice-amiral, grand-croix de l'ordre royal et militaire de Saint-Louis, chevalier de l'Ordre Cincinnatus et Officier de la Légion-d'honneur, est né aux sables d'Olonne, département de la Vendée, en 1741, d'une ancienne famille d'Anjou, et le second de trois frères, dont l'aîné, capitaine aux gardes françaises, a péri dans les massacres de septembre 1792.

Il entra dans la marine royale en 1755; l'année suivante, il s'embarqua comme garde de la marine sur le vaisseau l'*Éveillé*, et se trouva à la prise du vaisseau anglais le *Greenwich*. Nommé enseigne en 1762, il se fit remarquer par son activité et son courage : lorsque la paix eut été conclue, il reçut ordre de s'embarquer sur le *Tonnant* pour aller relever la garnison de Mahon, et faire la remise de cette forteresse ; des escadres d'évolution ayant ensuite été armées, il fut attaché à la première, commandée par le comte d'Orvilliers, qui sut bientôt l'apprécier et le chargea de commander un aviso, destiné à répéter les ordres et à porter les signaux.

M. de Vaugiraud montra dans ce service une intelligence et une activité telles, que l'amiral lui donna des éloges publics et l'envoya à Versailles rendre compte des opérations.

En 1779, il se trouva sur le vaisseau de M. Duchaffaud, au combat d'Ouessant que livra M. d'Orvilliers, et dans lequel le brave Duchaffaud, qui commandait l'arrière garde, tomba grièvement blessé dans les bras de M. de Vaugiraud, qui l'exhortait envain à se retirer de dessus le pont; il n'y consentit qu'en chargeant cet officier de manœuvrer de manière à ce qu'on ne s'aperçut pas de son absence. Cet ordre fut si bien exécuté, que le comte d'Orvilliers, après le combat, ignorant le malheur de M. Duchaffaud, l'envoya féliciter sur l'habileté qu'il avait déployée.

Quelque temps après, il sauva par le plus courageux dévouement, toute la flotte de Brest près d'être livrée aux flammes par l'incendie du vaisseau le *Rolland*. Le comte d'Hector et l'intendant de la marine, témoins de cette intrépidité, s'empressèrent d'en rendre compte au Roi qui fit écrire la lettre la plus flatteuse à ce brave marin.

Peu de temps après, à la demande de MM. d'Orvilliers et Duchaffaud, M. de Vaugiraud fut nommé au commandement du *Fox*, frégate anglaise nouvellement capturée; mais les cours de France et d'Espagne ayant résolu de tenter une descente en Angleterre, et venant de réunir à cet effet une flotte considérable sous les ordres du comte d'Orvilliers, ce général demanda que M. de Vaugiraud lui fût donné pour major en second. L'armée combinée n'ayant pas eu le succès qu'on en attendait, M. d'Orvilliers remit le commandement à M. Duchaffaud, et M. de Vaugiraud fut nommé major-général et capitaine, avant son rang.

Sur ces entrefaites, M. de Tréville ayant été chargé de conduire l'armée navale qui devait remplacer aux Antilles celle du comte de Guichen, demanda que M. de Vaugiraud lui fût donné pour major-général, fonctions que celui-ci eut ordre de continuer lorsque M. de Tréville, à raison de sa mauvaise santé, fut remplacé par M. le comte de Grasse. Ce général partit avec un convoi de 200 voiles et approvisionna les Antilles. Dans toutes ces opérations, les services et les avis de M. de Vaugiraud furent d'une grande utilité, et il eut encore le bonheur et la gloire de sauver l'armée navale d'une destruction inévitable; elle était à l'ancre devant le cap à Saint-Domingue, lorsque le feu prit à bord de l'*Intrépide* au milieu de tous les autres vaisseaux. L'équipage effrayé quitta le bâtiment; l'armée, la flotte, la ville entière, touchaient à leur perte; aucune mesure ne paraissait possible. Le comte de Vaugiraud sollicite du comte de Grasse la permission de se dévouer; il se fait conduire droit au bâtiment incendié où trente milliers de poudre allaient éclater; il rencontre l'équipage fugitif, le fait rougir de sa lâcheté et le ramène au vaisseau. Déjà le feu ne pouvait plus être maîtrisé; les matelots et les soldats se mutinent et s'éloignent de nouveau; M. de Vaugiraud est menacé; rien ne le décourage; il menace, donne l'exemple et ramène encore une fois les mutins. Déjà les flammes gagnaient la soute aux poudres; M. de Vaugiraud dirige la manœuvre, fait conduire le vaisseau à la côte, l'échoue, en fait partir l'équipage et en sort le dernier. Cinq minutes après, l'*Intrépide* sauta avec une explosion qui ébranla toute la ville.

Ce fut dans cette même campagne qu'on résolut de donner des secours efficaces aux Américains. M. de Grasse fit voile pour la baie de Chésapeak. De retour aux Antilles, il eut à soutenir contre l'amiral Rodney l'affaire malheureuse du 12 avril qui entraîna la prise du vaisseau *Amiral.* Le carnage fut affreux à bord *de la Ville de Paris;* le sang inondait les entre-ponts; M. de Vaugiraud, quoique blessé deux jours auparavant, y montra autant d'activité que de courage.

Le conseil de guerre qui eut lieu à l'occasion de cette affaire, loua tellement sa conduite qu'il reçut du roi une lettre honorable où Sa Majesté le félicita sur son dévouement, en lui accordant une pension de 1200 francs. (Elle n'a pas encore été payée.)

La paix ayant été signée en 1783, il fut employé comme commandant en second dans la première escadre d'évolution sous les ordres de M. d'Albert de Rioms. En 1788, on lui donna le commandement de *la Gracieuse* pour la station des colonies occidentales. En 1789, des mouvements insurrectionnels s'étant manifestés à la Martinique, le gouverneur, M. de Vioménil, se rendit au conseil, accompagné par M. de Vaugiraud, et tous deux parvinrent, pour le moment, à mettre cette colonie à l'abri des désordres de la révolution : peu de temps après il revint en France, et rentra dans ses foyers.

Au moment du départ de Louis XVI pour Varennes, les autorités révolutionnaires du Poitou, menaçant la liberté et la fortune du comte de Vaugiraud et de plusieurs gentilhommes, ceux-ci se virent contraints de se réunir au château de la *Proutière*, et de se défendre contre la violence. Le château fut incendié; mais cet essai fit connoître les ressources que la fidèle population de ce pays offrait à la cause de la royauté. M. de Vaugiraud vint demander justice au gouvernement; un décret de prise de corps décida son émigration.

Arrivé à Coblentz, il reçut ordre des Princes français d'organiser le corps de la marine en compagnies, dont le comte d'Hector prit le commandement à l'ouverture de la campagne. Il eut le commandement d'une compagnie noble de cavalerie, qui fut chargée d'accompagner les princes, dont il partagea les fatigues et les dangers.

Au licenciement, il reçut ordre de passer en Angleterre pour se rendre dans la Vendée, afin d'y porter les ordres du roi; mais cette disposition fut changée, et le comte de Vaugiraud resta à Londres jusqu'au départ de l'expédition de Quiberon.

Sa réputation comme marin le fit choisir pour diriger les mouvements de l'escadre de sir John Warren et indiquer les points convenables pour la descente. Les opérations nautiques qu'il conseilla furent admirées des Anglais eux-mêmes ; et lorsque les résultats de cette expédition ne permirent plus que de chercher et sauver ceux qui en faisaient partie, il obtint de l'amiral anglais la direction de huit chaloupes canonnières avec lesquelles il vint s'embosser en face des républicains, que son feu terrible arrêta de temps en temps, pour sauver l'artillerie et plusieurs compagnies.

S. A. R. Monsieur étant venue à l'Ile-Dieu, M. de Vaugiraud fit les fonctions de capitaine de port, et retourna avec le prince en Angleterre, où il a résidé jusqu'en 1814.

Enfin, le retour des Bourbons le ramena en France ; il n'y était pas encore arrivé lorsque le Roi le nomma vice-amiral et gouverneur de la Martinique. Sa réputation l'avait précédé dans cette colonie, et la population toute entière y fut transportée de joie à son arrivée ; mais le retour de Bonaparte en 1815 changea cette heureuse position. A cette nouvelle, M. de Vaugiraud sentit tous les dangers qui le menaçaient ; des observations trop exactes lui avaient fait entrevoir que les appuis sur lesquels il devait compter lui manqueraient dans l'occasion. La Guadeloupe venait de s'insurger; des émissaires étaient envoyés, accueillis même à la Martinique; les dispositions des troupes étaient incertaines; déjà les ordres de Napoléon arrivaient, et quelques fonctionnaires tremblaient à leur réception; mais l'auguste Princesse, qui, au milieu de ses dangers personnels, n'oubliait rien pour sauver les Français dévoués à leur Roi, Madame, avait songé aux dangers que courait la Martinique. M. de Vaugiraud fut instruit de la part de son Altesse Royale de ce qui se passait; et peu de jours après il reçut du Roi le titre de gouverneur-général des Antilles, avec les pouvoirs les plus étendus. Il déclara alors sa ferme résolution de maintenir le pavillon blanc, fit arrêter les agitateurs, rembarquer pour la France les militaires mal disposés, et força tout le monde à faire son devoir. La Martinique, sauvée ainsi de tous les maux que la rébellion venait d'attirer sur la Guadeloupe, avait encore besoin des travaux de son gouverneur.

Des dépenses excessives, une administration en désordre, des abus enracinés, altéraient sa prospérité. M. de Vaugiraud reçut ordre du ministre de remédier à ces abus; il ne craignit pas d'attaquer de front tout ce qui lui paraissait contraire au bien public. L'intrigue jeta les hauts cris et lui suscita mille traverses ; trop au-dessus de ces manœuvres, il poursuivit ses plans. Les trois années de son gouvernement étant expirées, il remit la colonie au général Donzelot, son successeur, et s'embarqua pour revenir en France.

M. le comte de Vaugiraud était âgé de près de 78 ans, sa constitution était forte ; quoiqu'il fût d'une petite stature, c'était un vieillard bien conservé, et qui représentait avec beaucoup de noblesse et de dignité ; les chagrins et une maladie aiguë qu'il essuya après son débarquement à Nantes, l'avaient affaibli ; dès qu'il se sentit mieux, il se rendit à Paris. Il y arriva au mois de septembre 1818 ; logé à *l'hôtel des Colonies, rue de Richelieu,* il y reçut les personnages les plus marquants de la cour et de la ville, qui lui avaient voué la plus haute estime et la plus sincère amitié ; les soins de sa famille et de ses amis lui furent donnés avec tout l'empressement que ses hautes qualités et sa bonté naturelle méritaient. M.<sup>me</sup> la baronne de Ferriet, sa fille, lui prodiguait toutes les marques d'une tendresse et d'une sensibilité inépuisable.

Une ordonnance de la marine avait été rendue le 5 août 1817, sous le ministère de M. le maréchal Gouvion de Saint-Cyr, par laquelle *il était défendu aux gouverneurs ou aux intendants revenant de commander ou d'administrer dans les colonies, de se présenter au Roi avant que leur conduite n'eût été soumise au jugement et à l'examen d'une commission d'enquête ;* il faut remarquer que cette ordonnance avait paru au moment où le rappel de M. le comte de Vaugiraud venait d'être arrêté et décidé, et que depuis sa mort, sous un autre ministre, cette ordonnance a été rapportée en 1820, à l'occasion du rappel de MM. Carra Saint-Cyr, gouverneur de Cayenne , et de M. Schmaltz, administrateur du Sénégal.

M. le comte de Vaugiraud n'avait pas pu prévoir, au moment où il fut nommé gouverneur de la Martinique, qu'il serait un jour obligé de soumettre une conduite honorée par 60 ans de travaux glorieux au service de ses Rois, à une sorte de *comité des recherches,* il se fatigua et s'épuisa vainement en démarches et en sollicitations inutiles auprès du Président et surtout auprès de M. Guizot, rapporteur de ce comité ; il ne put parvenir à obtenir un jugement qu'en vain sollicite encore aujourd'hui M.^me de Ferriet sa fille.

En effet, de quel reproche ce brave général, ce militaire si loyal et si désintéressé aurait-il été susceptible ? Il était presque le seul gouverneur pour SA MAJESTÉ, qui, pendant les cent jours, eût conservé la pureté, l'honneur et la légitimité du pavillon français.

Abreuvé d'amertume et de dégoûts, étranger à tous les partis, ne connaissant que la droiture et la ligne de l'honneur et du devoir, il sentit trop tard que, dans les temps d'orage, il y a peu à espérer des hommes, et que la vertu, se renfermant dans le témoignage d'une bonne conscience, doit être à elle-même sa propre récompense. Il vit d'un œil tranquille approcher la fin de sa longue et belle carrière ; l'image de la mort qu'il avait bravée et vaincue tant de fois, ne l'effraya point ; il s'était familiarisé avec ce qu'elle a d'horrible pour tant d'autres ; il sentait que sa vie allait s'éteindre ; mais sa conscience était sans remords, et sa belle âme était sans crainte ; tombé dans une sorte d'agonie, il était près de s'endormir du sommeil du juste.

Tout-à-coup il se réveille, et rassemblant tout ce qui lui restait de force, pour se tenir assis dans son lit, il appelle à haute voix M.<sup>me</sup> la baronne de Ferriet, et lui dit d'un ton ferme :

« Ma fille, écrivez au Roi ; dites-lui que je pro- » teste de mon entière fidélité et du dévouement » que j'ai eu le bonheur de conserver toute ma vie » sans altération à Sa Majesté, à son auguste » dynastie et aux intérêts de la France ; »

» Dites aussi à Sa Majesté, que je meurs de » regret de ce qu'il ne m'a pas été permis, avant » de mourir, de déposer à ses pieds l'hommage

» de 78 années de travaux, d'attachement à
» la personne sacrée des Rois sous le règne des-
» quels j'ai vécu. »

En proférant ces paroles, que M.<sup>me</sup> de Ferriet s'empressa de recueillir et d'écrire; ce guer-
rier sans reproche et qui n'avait jamais négligé
de remplir tous les devoirs de sa religion, se
laissa retomber avec confiance dans les bras de
la mort : son agonie dura jusqu'au lendemain.
Quelques instants avant qu'il rendît le dernier
soupir, un valet de pied arrive, il est aussitôt
annoncé de la part du Roi pour s'informer
des nouvelles de son vieux serviteur et de son
ancien ami. Au nom du Roi, le comte de
Vaugiraud entr'ouvre avec effort ses paupières
appesanties, et ses regards mourants se fixant
avec peine sur l'homme qui venait enfin lui
apporter cette douce consolation, il prononce
de ses lèvres glacées ces dernières paroles : *Ah!
je vous remercie !... mais c'est trop tard !* L'instant
d'après il avait expiré.

Il s'écoula dix-neuf mois depuis la mort du
comte de Vaugiraud, lorsque, le 17 novembre
1820, S. Exc. le ministre de la marine, M. le
baron Portal, écrivit, par ordre de SA MAJESTÉ,
à M.<sup>me</sup> la baronne de Ferriet, une lettre conçue
en ces termes :

« MADAME,

» Le Roi s'est fait mettre sous les yeux les actes
» de l'administration de M. le comte de Vaugi-
» raud à la Martinique. SA MAJESTÉ a reconnu
» que la droiture des intentions de ce gouverneur-général, et son dévouement au Roi et à la
» France sont demeurés dignes de tous les
» éloges. SA MAJESTÉ *m'a commandé* de donner en
» votre personne, à la famille de feu M. le comte
» de Vaugiraud, ce témoignage authentique de
» son estime royale pour la mémoire d'un homme
» qui a vécu comme il est mort, loyal et fidèle
» serviteur de son prince et de son pays.

Agréez, Madame, etc.

*Signé* le baron PORTAL.

Madame de Ferriet a été obligée long-temps d'at-
tendre, pour rendre publique cette lettre infini-
ment honorable, qu'on lui en eût accordé la permission. Cependant on n'avait pas encore con-
naissance de cette lettre, que tout le monde,
d'une voix unanime et sans distinction de partis,
s'était accordé à rendre à la mémoire et aux belles
actions de ce brave général, de ce digne gouverneur de la Martinique, toute la justice qu'elles
méritaient.

Dès ce moment une réunion nombreuse de personnages remarquables dans la marine, le civil et le militaire, s'est proposée de demander au Roi la permission de concourir aux frais d'un monument à élever à la gloire de cet illustre amiral. On désigne comme l'endroit où il convient de l'ériger, la ville des *Sables-d'O-lonne*, lieu de sa naissance.

# RAPPORT

# AU ROI,

SUR LE GOUVERNEMENT

DE LA MARTINIQUE ET DE LA GUADELOUPE,

*Depuis le mois de Décembre 1814 jusqu'au mois de Janvier 1818.*

J'ÉTAIS encore en Angleterre lorsque le Roi daigna me nommer son gouverneur à la Martinique, en juin 1814. Accoutumé depuis 60 ans à obéir à ses volontés, j'acceptai sans hésitation. Je ne me dissimulai point la difficulté de cette mission ; j'étais loin néanmoins de mesurer toute l'étendue de celle que la différence des temps et l'incertitude des circonstances politiques pouvaient y ajouter. Les Colonies et notamment l'isle intéressante que j'étais appelé à gouverner ne m'étaient pas inconnues. Commandant de la station des isles du Vent dans les premières années de nos troubles, mes devoirs de service m'avaient mis en rapport avec les principaux chefs de ces établissements. Quoique les principes de la révolution tendissent déjà à

2.

( 20 )

ébranler là comme ailleurs les anciennes bases
du gouvernement, j'avais pu néanmoins, par ce
qu'il en subsistait encore, me faire une idée de
sa marche dans les temps antérieurs, et sous
un ordre de choses consacré par les respects
et par les habitudes des peuples. Cet ordre de
choses devait être rétabli. Les pouvoirs étaient
reconstitués sur le pied de l'ordonnance du 24
mars 1763. J'allais, après une interruption de
25 ans, recommencer sans aucune modification
l'ancien gouvernement à la Martinique.

Malheureusement ce système fondé sur la di-
vision des pouvoirs entre le gouverneur et l'intendant, système utile peut-être à cette époque
ou du moins indifférent, ne convenait plus à la
position changée des hommes et des choses. La
diversité des gouvernements qui s'étaient rapi-
dement succédés pendant une période de 25 ans,
avait fait naître de nouvelles habitudes, de nouvelles marches ; tout semblait être le même, et
tout avait changé.

Il m'a fallu ma propre expérience pour me
convaincre à quel point une autorité centrale
et forte était devenue indispensable, si l'on
voulait, pour l'intérêt de la métropole, resserrer
les nœuds qui existaient jadis entr'elle et sa colonie ; et qu'une si longue interruption avait fort
relâchés. Cette autorité va exister désormais ;

et j'aime à penser que ce changement avantageux est dû en partie à mes observations.

Au surplus, la réflexion préliminaire que je
fais ici, n'a d'autre objet que de rapporter plutôt aux institutions qu'aux hommes les obsta-
cles que j'ai trouvés sur ma route.

Je ne prétends accuser personne. Le sentiment de la haine m'est étranger; il me suffira
de justifier qu'en cette circonstance, comme en
toutes celles où le Roi a daigné m'employer depuis 60 ans, j'ai tout fait pour répondre digne-
ment à sa confiance.

Les divers actes de mon gouvernement, dont
la durée a été de *trois ans un mois et dix jours*,
peuvent être rangés sous deux principales épo-
ques : à la première se rattachent les événements
de la colonie qui ont été la suite de l'interrègne
en France. Mon opposition de vues et de maximes avec M. Dubuc, dans la partie de l'administration qui nous était commune, forme la
seconde. Dans toutes deux ma conduite, qui a
froissé des passions, a trouvé des détracteurs.
Si tel est le sort des administrateurs dans les
temps les plus calmes, je ne dois point être sur-
pris de l'avoir partagé au milieu des ressenti-
ments encore trop sensibles de nos anciennes
divisions; mais ce qui me paraîtra plus étrange,
c'est qu'accusé de m'être montré à la première

époque un royaliste trop ardent, un partisan outré de l'Angleterre, j'aie eu à essuyer dans la seconde, et souvent de la part des mêmes personnes, des reproches d'une toute autre nature; tant il est difficile en se tenant exactement dans la ligne de ses devoirs, de plaire à la multitude, et surtout à la foule des petits intérêts qui dans les Colonies plus qu'ailleurs, usurpent trop souvent l'autorité de la voix publique. Je vois néanmoins que mes adversaires les plus obstinés veulent bien, en condamnant quelques actes de mon gouvernement, ne pas me contester la droiture constante de mes intentions. Je leur sais gré de cet hommage, mais il ne saurait me suffire. Je vais mettre à l'aise leur bienveillance, en leur prouvant que mon esprit n'a point été la dupe de mon cœur, et que tous les deux ont été constamment d'accord pour le salut d'abord, ensuite pour la commodité de cette précieuse colonie.

J'arrivai avec les troupes de l'expédition à la Martinique, le 9 octobre 1814, au moment où l'ex-gouverneur anglais, M. le général Lindsey, en sortait. Les bâtiments qui nous portaient se croisèrent. La remise de la Colonie avait eu lieu la veille entre les mains de MM. de la Barthe et Dubuc, qui m'avaient précédé seulement de quelques jours. Je débarquai au milieu des acclamations de la foule accourue sur le rivage. Quoique ces signes d'allégresse soient bien souvent trompeurs, j'ai eu lieu de me convaincre qu'ils étaient dans ces circonstances l'expression assez fidèle des sentiments publics. Sans parler des souvenirs qu'en mon particulier j'avais pu laisser dans cette île, l'événement en lui-même était de nature à plaire au plus grand nombre. On revoyait des Français, des compatriotes ; on les retrouvait soumis à des Princes fondateurs de la colonie, et long-temps l'objet des regrets de ses habitants. Toute la félicité des anciens temps semblait renaître, j'apportais aussi des décorations à distribuer ; cette disposition était connue ; l'espoir de participer à ces grâces, recherchées aux îles plus qu'ailleurs, donnait un nouvel essor à la joie publique.

L'intention du gouvernement avait été que M. Dubuc me précédât d'un mois au moins, pour pourvoir aux besoins des troupes à leur débarquement ; il était arrivé quelques jours seulement avant moi, retardé par des circonstances que je crois indépendantes de sa volonté. La remise de la Colonie avait aussi été différée à cause d'un défaut de concert dans les ordres de la cour d'Angleterre ; il en résultait que M. Dubuc n'ayant eu réellement aucune avance sur moi, n'avait rien pu préparer pour la garnison. Les troupes débarquèrent sans qu'il eût été possible d'arranger leur logement, que les Anglais nous laissaient dans un état de délabrement inconcevable.

Je secondai de mon mieux M. l'intendant, dans l'embarras extrême où nous plaçait à notre arrivée le dénuement d'objets les plus indispensables. J'insisterai peu sur toutes les opérations de détail auquel je me livrai ou que je concertai avec M. Dubuc, pour surmonter ces difficultés et beaucoup d'autres qui ont rempli les premiers mois de notre installation.

Les finances, ce premier mobile du gouvernement, étant spécialement confiées aux soins de M. Dubuc, je ne m'en mêlai qu'en établissant autour de moi la plus sévère économie et qu'en m'efforçant de la prêcher d'exemple ; je m'empressai aussi d'adopter les premières ordonnances bursales que cet administrateur me présenta, et que l'urgence de nos besoins et du moment ne me permettaient guère de mûrir.

La justice et la police continuaient à être administrées par les magistrats que nous avions trouvés en fonctions. Une ordonnance du Roi les avait maintenus dans leurs offices. Rien n'était changé à cet égard, non plus que le personnel du culte ; seulement, sur ce dernier objet, je me hâtai d'appeler la sollicitude du gouvernement sur le besoin que plusieurs paroisses éprouvaient de pasteurs.

La garnison, composée de trois bataillons supplémentaires du 26.ᵉ de ligne, les milices coloniales, le génie, l'artillerie et la station se trouvaient plus directement sous mes ordres.

Dès les premiers moments, j'ai dû m'apercevoir que ce n'était pas chose facile que d'avoir à diriger, à un si grand éloignement de France, un régiment de nouvelle formation, ayant à sa tête un colonel du caractère de M. de Malherbe. C'étaient tous les jours de nouveaux rapports contre des officiers accusés par leur chef d'insubordination ou d'autres écarts. Il pouvait y avoir à quelques-unes de ces plaintes un fond de vérité ; mais la suite a malheureusement prouvé que le tort du plus grand nombre consistait à ne pas assez se plier aux volontés d'un chef despotique. Des tracasseries, suscitées à mon insu, provoquaient des démissions, qui m'étaient ensuite présentées comme volontaires, et comme devant à la longue épuiser le corps des officiers. Les remplacements se faisaient en grande partie de jeunes gens créoles. Le ministre nous avait recommandé d'en admettre un certain nombre, mais pas avec l'extension que donnait à cet ordre le colonel Malherbe, créole lui-même, et trouvant, dans ses choix, un nouveau moyen de s'assujettir ses officiers.

J'ai retracé en peu de lignes, pour n'avoir plus à y revenir, les principales causes des mutations fréquentes que le corps a subies. Ces causes ont influé beaucoup, quoique déguisées sous d'autres noms, sur les divers renvois occasionnés par la crise des cent jours. Si des erreurs ont été commises, et je sais qu'il y en a eu, j'affirme que je n'ai pas ordonné un renvoi qui ne m'ait été présenté par le colonel Malherbe, comme un acte de justice ou de précaution indispensable ; j'ai conservé ces lettres ; cette observation sera ma seule réponse au mémoire trop fameux de ce colonel sur une affaire déjà jugée. J'ai demandé en dernier lieu, aux ministres du Roi, justice de la publicité donnée à ces calomnies. J'attends avec confiance leur décision.

Les milices coloniales, sur lesquelles repose la sécurité intérieure, avaient d'abord fixé mon attention ; long-temps interrompues sous le gouvernement anglais, auquel nous succédions, elles venaient d'être rétablies par lui, à la suite d'une conspiration de gens de couleur découverte à Saint-Pierre. Je m'occupai de leur donner une nouvelle organisation qui se rapprochât autant que possible des anciennes formes, et qui renfermât néanmoins les modifications que

la différence des temps aurait pu rendre néces-
saires. Tous les anciens réglements consignés dans
le Code de la Martinique sur ce sujet, furent
compulsés. De ce travail fait sous mes yeux avec
tout le soin possible, résultèrent mes trois
ordonnances du 1.ᵉʳ mars 1815, sur l'organisation générale des milices et sur les compagnies
des sapeurs-pionniers par bataillon.

Ce n'est que six semaines après notre arrivée,
que MM. les directeurs de l'artillerie et du génie,
purent me présenter la situation de leur service
respectif. Le premier avait dû tirer pièce à pièce
les divers effets de l'artillerie trouvée dans l'ar-
senal, après le départ des Anglais. Le second
n'avait guère pu constater que des ruines ou
dresser des devis de réparations. Je ne négligeai
point de faire connaître au ministre les besoins
de ces deux directions, qui, avec le peu de
moyens pécuniaires que nous avions, étaient
réduites à pourvoir au plus pressé. Les bâti-
mens civils, surtout, appelaient l'activité des
ouvriers, qui furent répartis sur les points les
plus maltraités. Ces soins ne m'avaient pas fait
perdre de vue les relations de la colonie au
dehors. J'avais eu l'attention de notifier aux
gouverneurs des colonies étrangères de l'Archipel, ma nomination au gouvernement de la
Martinique. J'en reçus les réponses les plus ami-

cales. Cette correspondance s'est constamment maintenue dans les mêmes termes, chaque fois qu'un événement quelconque est venu en fournir le sujet.

Cependant le commerce paraissait prendre de l'essor : les bâtiments français affluaient dans nos rades ; les pavillons étrangers s'y montraient en grand nombre, surtout depuis la conclusion de la paix entre l'Angleterre et l'Amérique ; tout tendait à la prospérité, lorsque la nouvelle de la catastrophe du 20 mars 1815 vint menacer la colonie de nouveaux orages.

A peine fut-elle répandue, qu'il me revint de toutes parts, qu'ici, comme en France, l'esprit des troupes était loin d'être rassurant en faveur de la bonne cause, que les sous-officiers, et mêmes quelques officiers, témoignaient assez haut leur attachement à l'usurpateur ; que les équipages de la station, surtout, paraissaient être dans les dispositions les plus alarmantes. A mesure que les événements de France nous parvenaient avec plus de détail, l'opinion se prononçait avec moins de contrainte ; la circonstance devenait de plus en plus critique.

Résolu de périr plutôt que le succès de la rébellion s'étendît jusqu'à cette île, je n'avais pas à hésiter sur les premières précautions à prendre. Le danger se manifestant du côté même d'où aurait dû nous venir le secours , c'était ce premier obstacle, le plus grand de tous, qu'il fallait d'abord surmonter : le départ du 26.ᵉ régiment, ou du moins sa grande réduction ; le renvoi de la station, celui des deux compagnies d'artillerie et d'ouvriers maritimes qui éprouvaient le même délire ; telles furent les mesures auxquelles je crus devoir d'abord me fixer. Le vide pouvait, dans ces premiers instants, être rempli avantageusement par les milices, dont l'excellente composition m'était connue. Les désirs exprimés par les soldats des diverses armes se conciliaient assez avec ces vues. Leurs vœux se portaient beaucoup moins à ébranler l'ordre subsistant de la colonie, qu'à retourner en France suivre le sort de leurs compagnons, dont ils regrettaient d'être séparés dans cette grande circonstance. Je saisis avec avidité ce moyen, qu'ils m'offraient eux-mêmes, de débarrasser la colonie de défenseurs qui pouvaient si gravement la compromettre. Je fus assez bien secondé , dans les premiers temps, dans l'exécution de ce projet, par le colonel Malherbe. On offrit à tous les soldats, qui avaient manifesté plus hautement le désir de nous quitter, leur congé et les moyens de transport pour se rendre en France. Les compagnies de canonniers et des ouvriers maritimes , qui s'étaient prononcées les premières

pour ce parti, et plusieurs hommes du 26.ᵉ régiment, acceptèrent l'offre avec empressement.
Il ne s'agissait plus que de leur fournir un bâti-
timent de transport. Le refus du commandant
de la corvette *le Vésuve*, de s'en charger, pro-
duisit un grand embarras. Cette désobéissance
pouvait tout compromettre. Les soldats, déçus
dans leur attente, et travaillés par les agitateurs
qui leur faisaient croire que je les trompais,
pouvaient se livrer aux plus grands excès; je
parvins néanmoins à effectuer, au moyen de
navires de commerce le départ des deux compagnies d'artillerie et d'ouvriers maritimes, et
successivement celui d'une grande partie des
officiers et soldats du 26.ᵉ, dont la totalité fut
réduite, par cette première opération, de
1200 hommes à 800. Il devenait de plus en plus
essentiel d'accélérer ces réductions ; la fermentation gagnait de jour en jour. Déjà le petit
nombre d'officiers les plus attachés à la cause
royale, loin de conserver leur influence, étaient
obligés de se taire ou de s'éloigner par suite des
désagréments qu'ils éprouvaient. Quelques cris
de vive l'Empereur! avaient été proférés. La seule
vue du pavillon tricolore, détaché de France
dans nos parages, produisait infailliblement
l'explosion. J'ordonnai de suite au commandant
du *Vésuve* de quitter à l'instant la colonie ; et

ne pouvant douter que j'avais beaucoup plus à appréhender qu'à espérer de la prolongation du séjour de tout bâtiment du Roi, je me déterminai aussitôt après à expédier la frégate *la Duchesse-d'Angoulême*, avec ordre de se rendre dans tous les ports de France où le pavillon du Roi flotterait. Déjà M. de Buissy, commandant la frégate *l'Hermione*, alors à la Guadeloupe, avait été contraint de céder à la volonté de son équipage et de faire route pour la métropole. Je ne gardai que la corvette *l'Actéon* et l'aviso *le Messager*, dont les équipages me parurent moins dangereux, à raison de leur petit nombre ; encore la corvette *l'Actéon* manqua-t-elle de m'échapper plus tard : elle fut enlevée par l'équipage, qui, après avoir désarmé le capitaine et maîtrisé les officiers, voulut faire route pour France; elle fut atteinte deux jours après par une corvette britannique qui la ramena dans la rade du Fort-Royal.

Malgré cette première épuration, notre situation ne laissait pas que d'être inquiétante. Les milices étaient bonnes, mais presque sans armes; leur principale force consistait en gens de couleur libres, qui s'étaient toujours bien montrés jusqu'alors, mais qui pouvaient céder à la longue aux séductions des factions déguisées sous le langage de la philantropie. 800 Hommes du régiment nous restaient, et j'étais loin d'y pouvoir compter; les murmures et les regrets n'avait pas discontinué ; j'étais sûr d'avance que loin de repousser les troupes que Buonaparte pouvait nous envoyer, ce corps ne tiendrait pas devant le premier aviso portant ses couleurs. Je me déterminai à ne pas laisser la colonie courir ce danger. Les Anglais s'étaient montrés , dès les premiers jours de la restauration, les amis les plus dévoués de la maison de Bourbon. Le Roi lui-même, au milieu de la défection inouïe qu'il venait d'éprouver, avait appelé l'assistance de ses nobles et puissants alliés ; il n'y avait plus, à mes yeux, d'autre moyen de lui conserver la Martinique et de sauver cette île, qui aurait entraîné sa ruine, que d'appeler à sa défense les seuls auxiliaires puissants que SA MAJESTÉ pût invoquer dans ces mers.

J'écrivis confidentiellement à sir James Leith, qui commandait à cette époque toutes les Antilles anglaises à la Barbade. Déjà sir Charles Durham, commandant l'escadre britannique qui s'était présentée devant Fort-Royal, et dont la présence avait paru exciter un grand mouvement dans le 26.ᵉ, m'avait fait offrir l'assistance dont je croirais avoir besoin. Je n'eus que le temps de le faire remercier et de l'inviter à s'éloigner promptement, parce que sa présence me compromettait. Je m'ouvris à sir James Leith du projet que j'avais conçu pour assurer, avec son concours, la domination du Roi sur cette île. Ma lettre se croisa avec une que le général s'empressait de m'écrire sur le même objet, instruit déjà d'une manière indirecte, mais certaine, de ma position et de mon intention bien déterminée de ne jamais souffrir que le pavillon rebelle remplaçât à la Martinique celui de Sa Majesté. Craignant d'ailleurs que le retard des hostilités en Europe n'apportât quelque entrave à la réquisition que j'avois faite à l'amiral Durham de faire intercepter sur nos côtes, par les croiseurs anglais, tout bâtiment expédié par l'usurpateur, sir James Leith, doué du plus noble caractère, et animé pour nos Princes d'un attachement qui ne s'est jamais démenti, s'empressa de me faire les offres de secours les plus amicales et les plus rassurantes. D'après des dispositions réciproques si conformes, il devenait facile de nous entendre.

Une négociation s'ouvrit sur-le-champ. La plus grande magnanimité de sa part, et de la mienne la confiance la mieux fondée, y présidèrent. Elle fut terminée par une convention conclue entre nous le 23 mai, et à laquelle je consentis que *M. Dubuc, qui m'en avait fait prier, y ajoutât sa signature,* quoique d'après l'organisation de nos pouvoirs respectifs *la mienne dût suffire.* Cette

convention est trop connue pour que j'aie besoin
d'en rappeler les divers articles; elle garantissait
au Roi la souveraineté de la colonie; les autorités
civiles et militaires restaient en fonctions; le pavillon du Roi de France continuait à flotter sur
tous les forts; les troupes britanniques et leurs
chefs m'étaient subordonnés comme auraient
pu l'être des troupes nationales. Si nous accor-
dions en retour aux Anglais quelques positions
militaires au Fort-Royal, c'était autant pour la
sûreté commune que pour la leur particulière,
d'après la situation critique où j'ai dit que se
trouvait la colonie. Rien sans doute ne pouvait
être plus avantageux au Roi, dont les droits
étaient maintenus, et à la colonie elle-même
qu'elle mettait à l'abri de toutes les chances de
la lutte qui se préparait en Europe. Ajoutons
que ces auxiliaires ne devaient point être à la
charge de la colonie; économie précieuse pour
elle.

Sir James Leith sentant toute l'urgence du moment, n'en perdit pas à rassembler la garnison
qu'il nous destinait. De mon côté, je me disposai
à lui préparer les voies, soit en affaiblissant encore le 26.ᵉ régiment, déjà réduit à 800 hommes,
mais trop formidable encore d'après les intentions
qu'il manifestait, soit en faisant évacuer à ce corps
la place de Fort-Royal. Je résolus de n'en garder

que 450 hommes au plus ; garnison d'ailleurs suffisante pour la place de Saint-Pierre.

Cette double mesure, dans la fermentation où étaient les esprits, était extrêmement délicate. Quelque secrète qu'eût été ma négociation avec sir James Leith, elle avaient nécessité des allées et venues qui en avait fait deviner l'objet. A ma grande surprise, le plus grand obstacle vint du colonel Malherbe, dont le devoir était de me seconder, puisqu'il connaissait mieux que personne les malveillantes dispositions qui prévalaient dans son corps. Ce colonel, pressé d'opérer une seconde réduction aussi forte à elle seule que la précédente, prit de l'humeur. Soit que son amour-propre lui représentât qu'un commandement de 400 hommes n'était plus digne d'un colonel de son importance, soit que le mystère que je lui avais fait de mes négociations avec sir James Leith lui parût une offense, **il** changea dès cet instant de langage et de procédés : il m'accusa d'outrager, par ma défiance, et ses troupes et lui-même. Sa conduite au Fort Saint-Louis *dans la nuit du 2 juin, ses harangues factieuses aux troupes, ses distributions de cartouches, son doublement des postes* sans ordre, ayant été depuis jugés par une commission spéciale, je dois écarter tous fâcheux souvenirs ; mais je ne crois pas être démenti en soutenant que ce colonel, quelles que fussent ses vues, faillit produire un embrâsement dont la colonie et lui-même auraient probablement été les victimes. Je puis dire que je le sauvai de ses propres excès.

Si je n'avais pas eu déjà des motifs suffisants pour affaiblir encore le régiment, la conduite de son colonel en était un nouveau pour insister avec plus de force sur cette mesure essentielle. Il était clair que non seulement je ne pouvais plus compter sur cet officier supérieur qui venait de se permettre une semblable levée-de-bouclier, mais que je devais le regarder désormais comme le premier ennemi que j'eusse à tenir en bride. Ces actes hostiles n'eurent donc d'autre effet que de rendre ma résolution plus invariable. Sans me laisser intimider par cet appareil menaçant, fort du concert des milices, qui étaient capables de soutenir un premier choc, j'ordonnai; et M. de Malherbe, enfin convaincu de son impuissance, obéit.

Les 800 hommes du 26.ᵉ partirent pour Saint-Pierre. Le navire *l'Alfred,* destiné pour Bordeaux, en prit à bord 350, et les 450 autres, restés sous le commandement du colonel Malherbe, formèrent la garnison de cette place. Ceux qui avaient témoigné le désir de nous quitter, ceux que le colonel m'avait désignés comme dangereux, ayant accompagné en France les soldats congédiés, je nommai plus tard à leur place des sous-officiers, je fis des promotions, je conservai le cadre d'officiers; je fis tout pour que ce noyau, dégagé enfin d'éléments nuisibles, encouragé par les grâces que je répandis à dessein avec quelque profusion, pût remplir sa véritable destination, celle d'assurer la tranquillité publique, pour laquelle il m'avait d'abord inspiré de si vives inquiétudes. Le succès récompensa mes efforts : cette garnison se conduisit parfaitement. Son colonel, contenu par la garnison britannique et par l'excellent esprit des milices, sentit qu'il lui fallait renoncer *à ses vastes projets,* que la circonstance lui avait sans doute suggérés. Il fit observer à ses soldats une discipline exacte. On verra dans la suite de ce récit que peu de temps après j'avais pris assez de confiance en ce corps pour me faire concevoir le projet d'en détacher une partie dans une attaque que je méditais contre Marie-Galante, occupée par les rebelles. Les partants nous avaient laissé des fusils qui servirent à augmenter l'armement des milices.

Le 5 juin, la garnison britannique, réunie par les soins de sir James Leith et de l'amiral Durham au gros îlet de Sainte-Lucie, débarqua sans obstacle au Fort-Royal, et y occupa les positions déterminées par la convention du 23 mai.

Il est impossible d'exprimer la délicatesse de procédés que les deux généraux britanniques manifestèrent en cette occasion. Les bâtiments de l'escadre portant les forces auxiliaires avaient tous le pavillon blanc au mât de misène, et aussitôt après le débarquement, tous les chefs et officiers des troupes britanniques parurent décorés de la *cocarde blanche*, unie à la noire en signe d'alliance. Je fis de suite exécuter la même disposition par les officiers des troupes et des milices. Cet ordre a subsisté aussi long-temps que le séjour de cette garnison auxiliaire dans la colonie.

C'est à cette époque que j'éprouvai une nouvelle défection, à la vue de l'expédition britannique. MM. de Pont-Bodin, directeur de l'artillerie, et Garin, directeur du génie, qui m'avaient jusqu'alors paru bien disposés, manifestèrent des scrupules; ils me demandèrent avec instance la permission de se retirer. Je résistai long-temps; enfin je la leur accordai; mais, comme il était essentiel de ne pas laisser apercevoir aux auxiliaires cette dissidence d'opinion parmi les principaux officiers qui m'entouraient, tous les ménagements furent observés afin de masquer la véritable cause de leur départ; je donnai même à M. Garin, qui partait avec ses deux officiers, une apparente mission auprès du consul français aux États-Unis, à l'effet de nous procurer des armes et des munitions. Je fus d'autant plus sensible à la défection de ces deux officiers, qu'outre le regret de les perdre, à cause de leur mérite, ils laissaient leurs directions abandonnées.

Le départ de M. Garin sur-tout a fait un un grand vide : s'il fût resté dans la colonie, de vastes constructions n'eussent pas été livrées depuis à l'inexpérience *d'un jeune homme* , et la manie de bâtir, qui malheureusement est venue saisir notre administration, étant mieux dirigée, se serait épargnée des écarts qui l'ont rendue doublement ruineuse.

Notre grande opération ainsi achevée, la Colonie, jusqu'alors tremblante sur son avenir, parut respirer. L'ordre le plus parfait y succéda ; les travaux de la culture , les spéculations du commerce reprirent leur activité. On ne s'apperçut de la présence d'une garnison étrangère au Fort-Royal, que par la discipline exacte qu'elle exerça sur elle-même, et par le secours qu'elle prêta constamment au maintien de la tranquillité publique ; son chef, M. le major-général Laval , vint régulièrement prendre mes ordres, et je puis dire que jamais je ne fus plus ponctuellement obéi.

Tranquille autour de moi , je portai ma vue sur la Guadeloupe, qui , environnée des mêmes dangers , devait ressentir les mêmes besoins. La suite ne l'a que trop prouvé. J'écrivis à M.' de Linois , il hésita, il tergiversa ; il n'avait pas suivi d'abord , pour son régiment, le sytème de réduction successive qui m'avait si bien réussi. Cette colonie si souvent révolutionnée, contenait d'ailleurs de vieux levains de troubles. Beaucoup de Colons de l'intérieur étaient bien pensants ; mais ils ne pouvaient dominer l'esprit de ces deux villes , qui réuni alors à celui de la garnison, devait former majorité. Il n'y avait donc de sécurité pour la Guadelonpe, d'autre moyen d'y maintenir la souveraineté du Roi , que dans la mesure qui venait d'être adoptée pour la Martinique.

Sur ces entrefaites , je reçus par la voie de l'Ambassadeur de France en Angleterre , des dépêches de M. le comte de Blacas , sous la date du 18 avril , contenant les provisions de *Gouverneur-général des deux iles , et les pouvoirs les plus étendus sur les officiers civils et militaires de ces deux possessions.* Je me hâtai de les notifier à M. de Linois, et de transformer en ordre ce qui n'avait pu être jusqu'alors, de ma part, que simple conseil ; je lui réiterai celui de diminuer ses forces, pour que sir James Leith avec qui j'agissais de concert, pût les remplacer ensuite par les siennes, sans courir le risque d'un mouvement ou d'une insurrection au moment de l'arrivée de M. l'amiral Durham, qui voulut bien se charger de porter mes paquets. Il arriva devant la Basse-Terre le 19 juin, et sa première vue se porta sur le pavillon tricolore qui venait d'y être arboré deux heures auparavant.

La défection de la Guadeloupe est un fait assez connu par le procès qui s'en est suivi. Si j'avais reçu quinze jours plus tôt les nouvelles provisions du Roi, je serais peut-être parvenu à détourner cette catastrophe : le germe en était sans doute dans le cœur des premiers chefs. Il fut déterminé et développé par l'arrivée de la Goëlette l'*Agile*, commandée par le sieur Forsan, chargé de dépêches par le ministre De-crès. Cet officier, après le succès de sa mission à la Basse-Terre, eut l'audace de se présenter à la Martinique ; au lieu de se rendre d'abord au Fort-Royal, il aborda à Saint-Pierre, où il présuma sans doute qu'une garnison française, et une population nombreuse et fort mélangée, lui offraient plus de chances de succès. M. de La Barthe qui commandait dans cette place, le laissa, *contre mes ordres, descendre à terre*. M. Dubuc *le fit déjeûner avec lui ; tous deux l'engagèrent à se rendre à Fort-Royal* avec les dépêches dont il était porteur. Pour toute réponse à son arrivée au Fort-Royal , je le fis mettre *lui et ses officiers en prison* , d'où ils ne sortirent que pour être renvoyés en France, à la disposition du Ministre de la Marine, après les événements de la seconde restauration.

Puisque la trahison était consommée à la Guadeloupe , je sentis qu'il fallait du moins épouvanter les rebelles et leur enlever , s'il était encore possible , les appuis qu'ils s'étaient faits dans les troupes égarées. Les ordonnances du Roi, données à Lille le 23 mars 1815 , me traçaient ce qu'il me restait à faire. En vertu de mes pleins pouvoirs , je destituai , par ma proclamation du 28 juin, M. le gouverneur Linois et tous les officiers supérieurs des différentes armes , qui auraient ou qui prendraient dans la suite part à son parjure. Je licenciai tous officiers ou soldats de terre, qui auraient reconnu momentanément leur autorité illégale, et je promis à ceux d'entr'eux qui m'obéiraient, des congés honorables , et des passages pour retourner dans leurs foyers. Enfin , tous les articles de cette proclamation furent dirigés vers le but d'isoler tous les chefs coupables , et d'étouffer , à sa naissance, ce foyer qui menaçait d'incendier de nouveau cet archipel, en y rappellant toutes les scènes de dévastation dont il avait été le théâtre.

Cependant les émigrations de la Guadeloupe
se multipliant , il nous arrivait tous les jours
des Colons persécutés pour leur fidélité ; de ce
nombre était *l'intendant, M. de Guilhermy* : leur
rapport , en me confirmant l'excellente disposition de beaucoup d'habitants des campagnes ,
ne nous alarmaient pas moins sur les vexations
auxquelles ils étaient en butte de la part des
rebelles , à qui leur position violente pouvait
commander les plus grandes atrocités. Aux yeux
de quiconque connaît la nature des possessions
coloniales , et l'espèce de cultivateurs qu'elles
renferment, il n'y aura pas d'exagération à dire
qu'il ne s'agissait pas moins ici, que de la perte
totale de cette précieuse Colonie , laquelle en-
traînait la nôtre, et peut-être celle de toutes
les Colonies environnantes.

Ces considérations ne pouvaient échapper à
la pénétration , et au sens droit de sir James
Leith. Je savais au surplus, que sa sensibilité
n'avait pas besoin d'être excitée par ces motifs , et que toute mesure utile à la cause
Royale était sûre de son appui ; je lui proposai
de me seconder dans l'attaque que j'avais résolu de faire du poste des Saintes , et successivement de celui de Marie-Galante , qui aurait
préparé les voies d'une conquête plus décisive.
Je destinais à cette expédition le peu de soldats

qui me restaient du 26.ᵐᶜ ; j'avais mis ainsi à l'épreuve les bons sentiments qu'ils me témoignaient, et j'y aurais joint, pour les raffermir et les animer de plus en plus, les émigrés de la Guadeloupe, qui tous témoignaient le désir de se rapprocher de leurs foyers, afin de les reconquérir plus tard. Avec ces forces, jointes à celles de nos alliés, il était permis d'espérer les plus heureux succès. La Guadeloupe elle-même encore dépourvue d'armes et de munitions pouvait être conquise. L'attaque ayant eu lieu, au nom du Roi de France, l'Ile fût rentrée sous son obéissance, et la convention du 23 mai lui devenait applicable. Sir James Leith accéda, sans hésiter, à ma proposition. Malheureusement sir Charles Durham refusa les secours de son escadre : il fonda son refus, sur ce qu'il n'avait point d'ordres de l'Amirauté d'attaquer le pavillon tricolore. C'est d'après ces mêmes motifs, qu'il avait déjà laissé pénétrer à la Guadeloupe l'aviso l'Agile, qu'il avait d'abord arrêté. Cette inaction de l'amiral Durham ainsi motivée parut aux insurgés tellement faite pour raffermir leur position, qu'ils s'empressèrent de s'en applaudir dans leur gazette.

Tout ce que je pus obtenir après beaucoup de sollicitations, fut que le pavillon blanc qui avait remplacé aux Saintes le pavillon tricolore par le zèle du jeune *Ferbeaux*, officier au 26.ᵐᵉ, et de M. *Pautrizel*, habitant sous la protection d'une corvette britannique, y resterait arboré ; Sir James Leith envoya occuper ce poste important par 5oo hommes, aux mêmes conditions qu'à la Martinique.

Tandis que j'insistais auprès des généraux britanniques pour que nous fissions de concert la même opération contre Marie Galante, et que je me disposais même à l'entreprendre avec mes seuls moyens, et que je ne demandais que leur agrément sans lequel on conçoit que rien ne pouvait être fait de stable, je reçus d'eux des dépêches secrètes par lesquelles ils me confiaient qu'ils avaient enfin l'ordre de leur cour de commencer les hostilités. Sir James Leith me mandait en même temps que tout ce qu'il avait fait pour la protection du pavillon blanc, tant à la Martinique qu'aux Saintes, était confirmé d'avance par son gouvernement ; mais que dorénavant, il devait être bien entendu que partout où le pavillon tricolore se trouverait arboré, il avait l'ordre de lui substituer le pavillon britannique ; en même temps il me faisait part des dispositions d'attaque qu'il avait méditées en conséquence de ses nouvelles instructions.

Les miennes particulières se trouvaient chan-

gées. Je déplorai avec plus d'amertume les funestes effets d'une trahison qui, en livrant la Guadeloupe à la faction de l'usurpateur, allait la
faire passer sous une domination étrangère.
Puisqu'il ne m'était plus permis d'espérer,
comme je m'en étais flatté un moment, que le
pavillon du Roi pût être graduellement établi
dans les deux îles, il devenait du moins d'une
haute importance que la domination des rebelles y fût extirpée à quelque prix que ce fût. La
Martinique aurait eu trop à redouter de la con-
tagion d'un tel voisinage. Connaissant assez le
noble caractère de Sir James Leith, pour être
bien convaincu qu'il ne faisait que céder à des
ordres supérieurs, et que sa propre inclination
l'eût porté à des opérations plus conformes aux
intérêts de la maison de Bourbon, je crus qu'un
changement de dispositions, indépendant de sa
volonté, ne devait en apporter aucun dans mon
empressement et mon zèle contre une insurrection qui pouvait devenir si redoutable. Ce général devenait par l'effet des ordres de sa cour
le principal agresseur. Dans l'impuissance où
j'étais d'agir sans le concours d'un tel allié, je
résolus du moins de le seconder comme auxiliaire. Cette assistance de ma part n'avait pas
seulement l'avantage de consolider de plus en
plus la sécurité extérieure de la Martinique et

des Saintes que nous conservions ; elle me présentait à nos alliés avec l'attitude noble et franche qui convenait à l'intimité de nos rapports ; elle y ajoutait sous ce point de vue une force nouvelle à la convention qui garantissait à Sa Majesté la souveraineté de ses possessions restées sous mon commandement ; j'acquérais le droit de protéger plus efficacement les sujets fidèles de la Guadeloupe, et d'adoucir à cette malheureuse Colonie les suites toujours funestes d'une conquête qui n'en aurait pas moins été faite sans moi. Enfin, il pouvait arriver et c'est ce qui a eu lieu, que Sir James Leith, en considération d'une alliance aussi étroite et manifestée de ma part par de tels actes, regardant moins cette isle subjuguée comme un trophée de ses armes que comme le prix de nos communs efforts, voulût bien ne voir en elle qu'un dépôt, et l'administrer à ce titre avec tous les ménagements dus au légitime et véritable Souverain.

Au surplus, cette opération de ma part dans le dénuement où j'étais de forces de terre et de mer, se borna à attacher à l'expédition de Sir James Leith contre la Guadeloupe, la corvette l'*Actéon* et l'aviso le *Messager*, auxquels je joignis un brick de Saint Mâlo, nommé le *Diligent*, que j'avais fais séquestrer comme arrivé depuis les événements de France avec des papiers de mer de l'usurpateur, et les duplicata des mêmes dépêches de M. Decrès, confiés à la goëlette l'*Agile*; ces trois bâtiments commandés par MM. de Venancourt, d'Oisonville et Pont-de-Vez, servirent au transport des troupes britanniques, prirent part aux opérations militatres et furent très-utiles aux commandants en chef, qui m'en témoignèrent hautement leur satisfaction.

Sir James Leith, toujours empressé de manifester les sentiments dont il était animé pour la cause de notre auguste Monarque, ainsi que les dispositions dans lesquelles il avait entrepris cette guerre, n'eût pas plutôt reçu, par suite de la capitulation de la Guadeloupe, l'épée de M. de Linois, qu'il me la fit remettre par M. de Venancour. C'était un hommage qu'il rendait en ma personne au Roi de France, aux pieds duquel cette épée a été ensuite déposée.

Sir James Leith avait déjà voulu me donner une preuve plus particulière, quoique moins éclatante, de sa confiance en moi et de ses intentions en faveur de la France. En partant pour la Guadeloupe, il m'avait demandé d'emmener avec lui une personne qui eût ma confiance; je désignai M. Demas, fils d'un ancien capitaine de vaisseau, *mon secrétaire particulier et mon ami.* Je saisis avec avidité ce nouveau gage de rapprochement entre nous, qui pouvait avoir les plus heureuses suites, dans le double intérêt de la France et de sa Colonie.

J'ordonnai à M. Demas d'accompagner le général, qui, immédiatement après son arrivée à la Guadeloupe, le nomma chef de l'administration coloniale, place importante, la seconde dans le gouvernement civil. M. Demas, qui n'accepta qu'après que je lui en eus intimé l'ordre, y a justifié toutes mes espérances. Il a su concilier les obligations que lui imposait la confiance du gouverneur avec celles d'un Français zélé pour sa nation. Enfin, grâce au dévouement de sir James Leith pour la maison de Bourbon, et je pourrais ajouter, grâce au sentiment d'amitié que j'avais été assez heureux de lui inspirer, la Guadeloupe, sous son gouvernement, s'aperçut à peine qu'elle eût momentanément changé de maître. Les fidèles sujets du Roi y obtinrent toute la protection qu'ils méritaient. L'administration intérieure, la police, les tribunaux, tout resta français. Le régime prohibitif des douanes anglaises se relâcha souvent de sa rigueur, à la recommandation de sir James Leith, en faveur de nos négociants. La remise de la Guadeloupe, stipulée par le traité de novembre 1815, ayant été retardée au-delà de mon attente et de la sienne, jusqu'en juillet 1816, dès qu'il eût reçu de sa cour l'avis de cette prochaine remise, c'est-à-dire dès le mois de mai précédent, il prit sur lui d'ouvrir sur-le-champ les ports de la Guadeloupe aux bâtiments du commerce de France, et leur permit de charger en retour pour cette destination, des denrées du crû de la Colonie. Sa loyauté se fit surtout remarquer lors de la remise. Cette opération attendue en France avec anxiété, et sur laquelle les malveillants s'étaient plu à élever des doutes, aurait pu, avec tout autre gouverneur, être retardée par deux défauts essentiels de forme. M. de Lardenoi n'était pas nommé dans l'ordre du Prince-Régent, et ce général arrivait lui-même sans apporter avec lui ses pouvoirs de gouverneur. Ces omissions n'é-chappèrent point à sir James Leith, qui en fit même la remarque à M. Demas. Mais celui-ci lui ayant représenté que mes pouvoirs de gou-verneur-général des deux Colonies n'étaient pas révoqués, sir James Leith vit avec plaisir qu'il lui fût offert un moyen d'opérer, sans blesser les formes, cette évacuation qu'il désirait pres-qu'autant que nous. La remise fut donc concer-tée entre lui et moi, comme chef des deux Co-lonies, et M. de Lardenoi, quoique officielle-ment inconnu, mais garanti par moi, put immédiatement se rendre à la Guadeloupe, et son installation se fit sans difficulté. Sir James Leith donna à l'administration française, qui lui succéda, une dernière preuve d'affection, en lui laissant 300 lits de malades, et 1,700,000 liv. d'impositions et de créances du Gouvernement à recouvrer, dont 1,000,000 d'impositions de l'année et zéro de dettes. Cet acte est d'autant plus méritoire, qu'à son arrivée à la Guadeloupe, il n'avait pas trouvé un sou dans les caisses.

Un mois après, le 24 août, la garnison française, qui devait relever à la Martinique la garnison britannique, étant arrivée, celle-ci s'embarqua immédiatement pour la Barbade.

Ainsi se termina d'une manière aussi heureuse qu'elle avait commencé, l'intervention des généraux britanniques dans nos affaires coloniales, par suite de la crise mémorable de 1815. La Martinique, demeurée sous la souveraineté du Roi, reçut d'eux une protection aussi efficace qu'elle était devenue nécessaire. La Guadeloupe, placée momentanément sous le pavillon britannique, conserva des institutions et obtint des faveurs qui ne lui permirent pas d'oublier qu'elle était Française. Toutes deux béniront à jamais la mémoire de sir James Leith, dont l'âme grande et noble ne s'était ouverte à d'autre ambition qu'à celle d'amener le triomphe de la loyauté sur la perfidie, celui des lois conserva-

trices sur la révolte et l'anarchie. Ainsi se trou-
vèrent démenties les prédictions sinistres de
ceux qui osaient affirmer que nos Colonies ne
nous seraient jamais restituées, et qui m'accu-
saient déjà de leur perte. J'ai la conscience
qu'à cette époque critique j'ai fait ce que j'ai dû;
je crois avoir bien servi, non-seulement mon
Roi, ce qui suffisait à mon caractère, mais encore les vrais intérêts de nos Colonies et ceux
de la France, qui, aux yeux des bons Français,
seront toujours identiques.

Le moment où nos affaires coloniales repre-
naient leur marche acccoutumée, était aussi celui
où la correspondance ministérielle, fort interrom-
pue par les circonstances, commençait à devenir plus régulière et plus active. Distrait par
les événements du dehors, je m'étais peu mêlé
jusqu'alors d'approfondir les matières d'administration intérieure, confiées plus spécialement à
M. Dubuc. Cependant l'organisation de nos pouvoirs rendait ma sanction nécessaire à plusieurs
de ces actes; et quoique déjà beaucoup de
circonstances, même antérieures à mon départ
de France, m'eussent donné lieu d'hésiter, j'a-
vais cru devoir sacrifier au bien de la paix mes
scrupules et ma défiance. Je m'étais borné à
faire, dans l'occasion, des remontrances ver-
bales sur le mal que j'apercevais. Les abus

étaient trop palpables pour qu'ils pussent échapper à ma vue, malgré la sphère d'intrigue dont j'étais entouré. Des plaintes, des réclamations étaient venues jusqu'à moi. Je m'étais souvent expliqué assez ouvertement pour faire voir que je connaissais le scandale des places accumulées jusqu'à trois sur une seule tête, des fonctions obscures, telles que celles d'encanteurs, de jaugeurs, de greffiers, livrées au monopole d'un trésorier qui s'était ouvertement constitué le plus fort banquier et le plus fort commerçant de la ville de Saint-Pierre ; d'une douane déjà décriée par les infidélités d'une foule de débiteurs se jouant, à l'abri de l'inattention des tribunaux, de la sainteté de leurs engagements ; des prodigalités excessives en gratifications, traitements ou constructions inutiles ou déplacées. Sans entrer avec le ministre, au sujet de l'administration de M. Dubuc, dans des détails qui auraient eu l'air d'une accusation ou d'un commencement d'hostilités, je lui avais seulement écrit confidentiellement à titre de mon ancien camarade, *que je croyais le rappel de l'intendant absolument indispensable au bien du service du Roi.*

Je me flattais que ce peu de mots suffirait auprès d'un ministre qui me connaissait personnellement et de longue date, avec tout l'es-

prit de modération et d'impartialité. J'avais encore cherché à l'amener d'une manière indirecte à ce résultat. Son Excellence m'ayant demandé mon avis sur un plan d'administration
colonial plus économique, je lui en envoyai un
qui parut propre à remplir ses vues, parce qu'il
simplifiait beaucoup les rouages trop compliqués
du mode actuel. L'unité de pouvoirs étant la
base de mon système, ce système excluait *l'intendant*, et par conséquent *M. Dubuc*.

Mon opinion était donc déjà bien prononcée
sur le compte de cet administrateur : je regardai
souvent comme la plus pénible obligation de
ma place, et comme un écueil de ma respon-
sabilité et de ma conscience, la nécessité d'ap-
poser mon nom à de nouvelles conceptions administratives, qui ne seraient sans doute pas
plus saines que celles dont j'avais déjà sous les
yeux les tristes résultats. Je restais combattu
entre la crainte de me compromettre par trop
de condescendance et celle de troubler la paix
publique par une opposition trop manifeste.
Mon esprit flottait dans cette incertitude, lorsqu'une lettre confidentielle du Ministre me décida. Elle était du 6 juillet 1816 ; je la reçus le
24 août suivant. Son Excellence me mandait
qu'elle avait été informée que M. Duchambge,
trésorier de la Colonie, neveu de M. Dubuc, se

trouvait compromis dans la faillite de la maison Duroure aîné, pour une somme de 120,000 liv. *au moins* de lettres de change tirées et endossées par ce comptable, et qui allaient retourner protestées à la Martinique. Il m'était ordonné de faire de suite une vérification secrète et complète de sa caisse, et de prendre toutes les précautions que je croirais convenables. « *Garantissez*, ajoutait » Son Excellence, *les intérêts de la Colonie ; j'at-* » *tendrai avec impatience votre rapport sur une af-* » *faire aussi importante ; je me confie à votre pru-* » *dence, et au besoin à votre fermeté ordinaire.*»

Le Ministre m'autorisait à ne communiquer ces dispositions à M. Dubuc qu'au moment où je jugerais cette communication sans inconvénient. Ces mots : « *Garantissez les intérêts de la* « *colonie, je me confie à votre prudence, et au be-* « *soin à votre fermeté* » me parurent décisifs.

La seconde lettre du Ministre, du 26 juillet, confirmative de la première, portait que, d'après de nouveaux renseignements reçus du Hâvre et de Bordeaux, son Excellence avait lieu de craindre que M. Duchambge ne se trouvât engagé dans la faillite de la maison Duroure pour une somme bien supérieure à celle qui d'abord avait été indiquée (1). C'était un nouveau motif, disait-il,

_______________

(1) On y disait que la somme était de 500,000 francs.

pour qu'il attachât une grande importance à l'exacte et prompte exécution de ses premiers ordres.

Je dus, d'après la teneur de ces dépêches, supposer le Ministre informé de nos désordres, et n'attendant que des preuves pour y remédier, je pris donc le parti, non seulement d'exécuter rigoureusement, et avec la plus ponctuelle exactitude, l'ordre de vérification qu'il me donnait, mais encore de soigner si bien désormais mes rapports de service avec M. Dubuc, que je n'eusse pas à partager un jour le blâme que je voyais prêt à tomber sur son administration.

Mes dissentiments officiels avec M. Dubuc datent de cette époque; on les a beaucoup exagérés en France. On a écrit, on a affecté de publier qu'ils avaient interrompu toutes nos relations de service. Il importait sur-tout à mes adversaires de répandre cette idée, à laquelle M. Dubuc s'est efforcé de donner la plus grande consistance. Les faits subséquents l'ont assez démentie.

Le 27 août, les caisses du Fort-Royal et de Saint-Pierre furent vérifiées. Elles ne le furent point peut-être avec toute l'exactitude qu'on aurait dû y apporter. Le secret d'ailleurs n'avait point été gardé; témoin *l'ordre de vérification du sieur Dubuc* (1), qui croisa celui que je venais de donner moi-même. Les précautions que j'avais prises me garantissent qu'aucune indiscrétion de mon côté ne pût avoir lieu. M. Dubuc a attribué *au hasard* cette simultanéité si étonnante. Quoi qu'il en soit, les procès-verbaux de vérification me furent remis ; je les adressai au Ministre avec mes observations sur les désordres que cette opération avait fait connaître. Les unes frappaient sur M. Dubuc, d'autres sur son neveu. Elles ont provoqué plus tard la destitution de celui-ci, que j'aurais dû moi-même suspendre immédiatement de ses fonctions, ainsi que j'y étais autorisé par les lettres du Ministre du 6 juillet. Mais n'ayant sous la main personne à qui je pusse commettre une charge si délicate, je laissai les choses subsister jusqu'à l'arrivée de M. Demas, que j'attendais de la Guadeloupe, et qui, étant arrivé plus tard, refusa cet intérim. Je me bornai aux précautions ordonnées par le Ministre, dont je résolus de prendre les ordres. Il y a sans doute lieu de regretter que la suspension de M. Duchambge n'ait pu dès-lors s'effectuer. Elle aurait sans doute mis un frein aux

---

(1) M. Dubuc avait donc été instruit secrètement de la vérification ordonnée par le Ministre, de la caisse de Duchambge-d'Elbeck, son neveu.

profusions qui se sont faites des deniers publics, pour constructions et pour mille autres dépenses non moins superflues dont la Commission des comptes a depuis dévoilé une partie. Quand elle n'aurait arrêté que *cette funeste opération monétaire du* 12 *avril* 1817, c'eût été d'avance rendre un éminent service à la Colonie. En déplorant les effets de ma timide réserve, au sujet du déplacement de M. Duchambge, il faudra du moins convenir que les hommes dont je m'environnais, à qui j'avais accordé ma confiance, et contre lesquels tant de clameurs se sont élevées, n'étaient pas du moins dévorés de la soif des places, puisqu'ils en dédaignaient une des plus importantes.

Un mois avant la réception de cette même lettre du 6 juillet, qui a déterminé mon opposition avec M. Dubuc, j'en avais reçu une autre du 20 juin 1816, qui m'était commune avec l'intendant, et dans laquelle j'avais trouvé des ordres bien applicables au but et au vice dont nous avions à nous plaindre. Le Ministre nous faisait connaître qu'ayant reçu beaucoup de plaintes sur la difficulté qu'éprouvaient les créanciers à se faire payer de leurs débiteurs, il nous priait de lui donner notre avis sur les moyens de remédier à ce désordre. Il nous prescrivait en même temps *de prendre des mesures pour réduire à de justes proportions les émoluments excessifs de certaines places qui lui avaient été désignées, telles que celles de greffiers, d'encanteurs, de capitaines de port, d'interprètes, etc.* L'ordre était positif, quoique M. Dubuc, pour motiver son refus d'obéir, ait voulu n'y voir qu'une simple demande de renseignements. Sur le premier point, c'est-à-dire sur l'article relatif aux dettes, comme on ne nous demandait qu'un avis, je ne pensai pas qu'il fût convenable de le concerter avec M. Dubuc. Cet administrateur était notoirement connu pour être débiteur lui-même de plusieurs millions; c'eût été le constituer juge dans sa propre cause. Afin de remplir autant qu'il était en moi l'intention du Ministre sur une matière aussi importante que délicate, je réunis auprès de moi une commission consultative. Son travail ayant été rendu public, je m'abstiendrai ici de l'analyser : je puis dire qu'il n'y a eu en général qu'une voix sur *l'impartialité, la modération, et le désir du bien,* qui ont présidé à cette décision. Quelle que soit l'opinion qu'on puisse se former sur cette question des dettes, qui, ainsi que je l'écrivis au Ministre, demandait toute la circonspection de l'homme d'état, on a pu se convaincre que la commission qui l'a traitée, et qui réunissait dans son sein l'élite des habitants, des négociants, et jurisconsultes de la Colonie, ne méritait pas du moins la qualification que lui donnèrent les partisans de M. Dubuc, celle *de comité révolutionnaire ;* tant l'esprit de cabale et de parti se fait un jeu de confondre les temps et les choses les plus dissemblables ! Mon ordonnance du 3 septembre 1816 suivit. Elle appliquait à la Colonie le bienfait des réformes prescrites par le Ministre dans le traitement des places d'encanteurs, de greffiers et de capitaines de port, etc. Je la rendis seul, d'après le refus de M. Dubuc d'y prendre part. Il allégua que l'ordre n'était pas formel. Je ne m'abusai point sur la véritable cause de cette chicane de mots. Personne dans la Colonie n'ignorait que ces réductions tombant sur les places que les amis, les prôneurs, et les affidés de M. l'Intendant accumulaient sur leur tète, il eût été ridicule d'espérer son assentiment à de telles réformes. Je fis enregistrer mon ordonnance au Conseil supérieur. Ma correspondance retrace ce qui fut fait en cette occasion, et ce qui suivit. Les encans furent affermés 100 mille livres, les greffes mis en régie, les droits de port perçus au profit de la caisse du Roi, qui bénéficia à ces opérations d'un revenu annuel de plus de 300 mille livres. La réforme aurait pu s'étendre plus loin ; mais voyant l'opposition qui se trouvait dans M. Dubuc et dans ses amis, au milieu des clameurs qu'ils excitaient de concert, je dus provisoirement, et en attendant de nouveaux ordres, m'en tenir aux réductions nominativement désignées par la dépêche ministérielle.

La caisse de M. Duchambge avait bien été vérifiée dès le 27 août ; mais cette opération n'avait pu nous donner qu'un aperçu de la situation compliquée de ce comptable. Une vérification aussi complète et aussi exacte que l'attendait le Ministre, supposait une supputation préalable de toutes ses recettes. Cette opération ne pouvait être l'affaire d'un jour, ni même d'un mois ; néanmoins comment s'assurer autrement que le comptable n'en avait point omises? J'instituai par mon ordonnance du 12 octobre suivant, une Commission de vérification de nos recettes coloniales.

Cette institution n'était point dans la Colonie une nouveauté ; elle avait été annuellement pratiquée sous la dernière administration française. J'en trouvai le modèle dans les ordonnances qui avaient soumis les receveurs de ce temps à ces vérifications annuelles. Le travail de la commission a été livré à l'impression ; calomniée également dans ses intentions, *elle a cru nécessaire d'y répondre par la publicité.*

Un Maître des requêtes désigné par Sa Majesté, est sur les lieux, il sera à même de constater ce que cette commission a vu ; quand il différerait avec elle sur quelques points, il ne pourra s'empêcher de reconnaître ce faisceau de preuves accablantes contre l'administration *de M. Dubuc* (1) : elles suffiront toujours pour justifier l'opposition de vues et de maximes où j'ai dû, pour l'acquit de ma conscience, me mettre avec cette administration.

Je commençais à prendre sur moi d'arrêter les profusions que le travail de la Commission venait de me faire connaître. J'avais déjà ordonné de ne rien payer sans mon visa sur la caisse des Fées : j'avais fait suspendre des travaux entrepris contre toutes règles, afin de les soumettre du moins à une vérification préalable. Je fus arrêté par la lettre du Ministre du 7 décembre 1816, qui me reprochait d'avoir empiété sur les attributions de M. l'Intendant, en rendant seul mon ordonnance du 3 septembre, lorsqu'un ordre du Roi est commun aux deux chefs, son exécution peut-elle être suspendue par l'un des deux ? N'est-il pas plus

---

(1) M. le commissaire du Roi a constaté non-seulement les désordres que M. le comte de Vaugiraud, et que les comptes généraux établis par la commission, avaient signalés, mais son rapport au Conseil des Ministres en constate de bien plus graves et plus étendus

naturel de penser que l'ordre ministériel émane
déjà d'une autorité supérieure , fortifiée encore
par celle de l'administrateur local qui veut y
obéir , doit l'emporter sur l'opposition isolée
de son adjoint ? Ces questions dans le système
d'unité qui va régir la Colonie sont devenues
indifférentes ; elles ne le sont point à ma jus-
tification , dans le cas particulier rappellé par le
Ministre. Je répondis ; mais la lettre ministérielle fut un avertissement pour moi dans la
ligne qu'on traçait à mes attributions , d'être
plutôt en deçà qu'au-delà. Je retirai mes ordres provisoires de reforme. Les constructions
*sans devis* , et les appointements exagérés allè-
rent leur train.

L'ambition d'étendre mon autorité avait eu
si peu de part à ces empiétements prétendus ,
que mon plus ardent désir avait toujours été ,
d'après ce que j'avais sous les yeux , d'être af-
franchi même du poids de cette sanction coloniale , à laquelle se restreignait à peu près mon
rôle dans les matières administratives. Cette
attribution me rendait , malgré moi , partici-
pant d'actes que je ne pouvais apprécier ni dans
leurs causes , ni dans leurs effets , lorsqu'ils
étaient présentés à mon approbation. Les choses
étaient si bien arrangées d'avance , que quoique j'entrevisse beaucoup d'inconvénients à

consentir , il y en avait encore plus à refuser.

Accolé ainsi par la communauté de plusieurs fonctions essentielles avec un administrateur *de ce caractère* ; enchaîné en quelque sorte à son char , par l'organisation de nos pouvoirs , à laquelle la dépêche ministérielle du 7 décembre 1816 , était venue donner une force nouvelle ; ma position a toujours été la plus critique qu'il soit possible d'imaginer. Refusais-je ma coopération ? Je craignais de laisser en souffrance des parties importantes du service. Je craignais qu'en supposant même qu'il ne dût naturellement naître aucun inconvénient de ma résistance , on n'en suscitât tout exprès pour me les imputer ; accédai-je aux mesures proposées , je voyais en frémissant des opérations vicieuses, fortifiées de l'appui de mon nom et de mon suffrage.

Il faut le dire , M. Dubuc est sans doute fertile en expédients et en intrigues ; néanmoins sa plus grande force a résulté , sans contredit , de la position heureuse où il s'est trouvé. Né Créole , de la Martinique , tenant à une famille qui embrasse les trois quarts de la Colonie , il a à ajouter à ces avantages ceux des choix faits en 1814 sous ses auspices , et l'on peut dire, *par ses ordres* , des principaux officiers civils et militaires , destinés à nous seconder dans le gouvernement. Personne n'ignore l'influence qu'il a exercée sur les opérations du ministère de M. Malouet : il a dû à cette circonstance extraordinaire d'avoir ici pour commandant en second son parent M. de la Barthe, pour trésorier M. Duchambge Delbeck, son neveu, pour colonel M. de Malherbe, créole comme lui, et lui étant attaché par des nœuds plus étroits peut-être que ceux de la parenté; un directeur-général du domaine, qu'on dit être son cousin, et qui est du moins son obligé, parce qu'il lui doit ses fonctions ; une nuée de parents et d'alliés tenant le haut bout dans les divers quartiers de la Colonie, et par-dessus tout, son neveu M. de la Reinty (Baillardel), intendant ou directeur-général des Colonies au ministère de la marine. Les tribunaux recréés par M. Dubuc, avec toutes leurs anciennes prérogatives, remplis de parents de cet administrateur, qui jouissaient de ces prérogatives maintenues en entier dans leur personne, lui donnaient un supplément de forces d'autant plus rédoutable, qu'il faut être dans la Colonie pour apprécier le degré d'influence de ces Cours de justice, qui tiennent à peu près dans leurs mains la fortune et le sort de toutes les familles, et qui, il faut le dire, sont loin d'user de ce pouvoir avec toute l'impartialité réquise, ainsi que dans l'intérêt combiné de la Métropole et de la Colonie. On peut affirmer, sans exagération, que M. Dubuc *venait réellement régner à la Martinique*, et je n'avais d'autre parti à prendre que de condescendre aveuglément à ses volontés, ou de m'apprêter à voir les orages s'accumuler de toutes parts sur ma tête, les calomnies circuler, et *la gloire même attachée à mes services s'évanouir* dans cette lutte, ainsi que *la menace m'en a été faite*.

On ne sera donc plus étonné si je n'ai pu ni faire le bien, ni même empêcher le mal ; je me suis borné à défendre le terrein pied à pied. J'ai fait des représentations, des objections ; j'ai été par fois jusqu'à des menaces ; on n'en a tenu compte. Alors, mon seul refuge a été dans l'autorité du Ministre, auquel je me suis fait un devoir de rendre un compte fidèle.

C'est ainsi que je lui ai retracé avec une scrupuleuse exactitude les poursuites du Domaine, contre le navire anglais l'*Elisa - Ann*, qu'une visite faite à son bord, par mes ordres, avait fait violemment soupçonner de fraude, et que M. Dubuc couvrit de son égide : mes débats avec cet administrateur, au sujet *de la fermerture des Ports*, et une résistance de sa part aussi longue que possible à cette mesure, mes efforts successifs et toujours inutiles pour obtenir des budgets

annuels , mes fortes et pressantes objections
contre le mode adopté pour la *démonétisation
des mocos* ; mes recommandations au sujet de
la lenteur mise à ce travail , établi ensuite sur
des bases ruineuses pour le trésor et pour le
commerce ; la sanction conditionnelle que j'ai
été forcé de lui donner , uniquement fondée
sur la crainte d'une explosion , qui allait indu-
bitablement naître du discrédit universel de
cette monnaie altérée ; enfin , la réunion d'une
nouvelle commission consultative pour la re-
fonte si nécessaire de notre système judiciaire,
et l'établissement d'une Chambre d'agriculture
et de commerce , précédée de mes discussions
avec M. Dubuc, sur le mode de formation de
cette commission qu'il nous avait été ordonné
de faire en commun. Je passe sur une foule de
circonstances moins essentielles, qui ne peuvent entrer dans ce précis, mais qui sont rap-
pelées avec détail dans ma correspondance.

Cette correspondance, j'ose croire que je puis
la montrer à *mes amis comme à mes ennemis* ; on
y verra que je m'y suis détaché autant que j'ai
pu des désordres graves dont ma position m'a
rendu le témoin. J'ai signalé la fausse route ;
j'ai aidé à retrouver la bonne : mes efforts m'ont
fait autant d'adversaires qu'il y avait de gens
intéressés à perpétuer les abus. J'ai donc eu à

essuyer beaucoup de désagréments ; mais je m'en consolerai si le bien public est désormais rendu plus facile.

La garnison anglaise, qui avait occupé momentanément Fort-Royal, ayant été remplacée par un bataillon, puis par deux de la 88.ᵉ légion, les débris du 26.ᵉ furent amalgamés dans ce corps le 1.ᵉʳ janvier 1817. M. le comte de Colbert-Maulévrier, nommé colonel en remplacement de M. Malherbe, en prit le commandement. C'est alors qu'éclatèrent de nouvelles intrigues du colonel Malherbe, aidé de M. de la Barthe, pour pervertir l'esprit de cette légion et y maintenir un levain de troubles et de dissensions. Sur la dénonciation formelle que M. de Colbert me fit des manœuvres pratiquées en cette circonstance, et d'après les preuves multipliées que ces officiers m'avaient déjà données de leurs mauvaises intentions, je ne balançai point. Tout me parut dépendre de la bonne ou de la mauvaise direction imprimée dès le commencement à cette troupe, sur qui reposait principalement notre défense.

A 1500 lieues de France, au milieu des dangers qui menaçaient sans cesse une colonie peuplée d'esclaves et fondée sur la différence des castes, il faut, de toute nécessité, pouvoir compter sur le soldat. Le choix n'en avait pas

déjà été fait en France avec tout le soin possible ;
les moindres germes de dissensions pouvaient y
produire un ravage incalculable. Je ne voulus
pas courir la même chance qu'en 1815. A *M. de
Malherbe*, dont le départ était ordonné, je n'hé-
sitai pas à joindre *MM. de la Barthe et de Gon-
drecourt*, qui m'étaient désignés *comme les fau-
teurs du désordre* ; je les punis à regret, mais je
le devais au salut de la Colonie compromis par
leur conduite. M. de la Barthe, d'ailleurs, de-
venu colonel et commandant en second, *sans
avoir passé par les grades inférieurs*, était notoirement au-dessous de sa place. Son intimité avec
M. Dubuc, dans un moment où je m'étais mis
en opposition avec cet administrateur, était un
véritable contresens dans sa position, qui lui
commandait de rester étroitement uni à son général. Cette affaire, au surplus, ayant été l'objet d'un examen d'une commission spéciale, *et
d'une décision subséquente de* Sa Majesté (1), le 9
mai 1817, je me dispenserai à ce sujet de tout dé-
veloppement ultérieur, les pièces qui la con-

----

(1) *Voyez* le Rapport de la Commission d'enquête,
du 9 mai 1817, qui, sous la présidence de M. le marquis d'Autichamp, a approuvé, à l'unanimité, la conduite de M. de Vaugiraud.

cernent ayant été, dans les temps, envoyées au Ministre.

Le renvoi de M. le chef de bataillon Bouchet n'eut point d'aussi graves motifs. M. Bouchet avait fait une première faute à Saint-Pierre, en insultant publiquement M. de Gournay. Pardonné de cet écart, le conseil de guerre permanent, dont il était membre, l'accusa d'avoir manqué, en pleine séance, à M. de la Broüe, qui le présidait, au point que celui-ci avait été obligé de lever le siége. Sur la remise d'un procès-verbal de ce Conseil, qui constatait ce fait, et sur les vives instances de MM. de Colbert et de la Broüe, je consentis enfin, quoique avec peine, à l'éloignement de cet officier, qui me fut représenté comme une tête effervescente que les circonstances pouvaient rendre dangereuse. Je cédai moins encore à ces considérations, qu'à celle de maintenir l'harmonie dans ce corps nouvellement formé. M. Bouchet partit en même temps que je rendais compte au Ministre des causes de son départ. Je le recommandais à toutes ses bontés.

La légion, après une organisation à laquelle l'urgence des circonstances n'avait pas permis d'apporter toute la maturité possible, présenta du moins un corps d'officiers d'une bonne tenue et animé d'un bon esprit. La désertion travailla quelque temps ce corps. Les chefs mirent toute leur attention à réprimer ce désordre, et ils y réussirent après quelques exemples de sévérité. Tout-à-coup M. de Colbert, dont j'avais eu lieu jusqu'alors d'être satisfait, se rangea au nombre de mes adversaires. Des affaires dérangées et *des affections* (1) qui ne l'étaient pas moins, l'entraînèrent hors de la ligne qu'il avait suivie. Le parti des cabaleurs regarda cette défection comme *une grande conquête*. Sa mort, en trompant leurs espérances, a laissé à découvert des dettes considérables. J'étais à constater ces derniers faits, lorsque M. le général Donzelot m'a succédé, et je lui en ai remis les premiers documents.

Telles sont les circonstances les plus saillantes de mon gouvernement de trois années à la Martinique. Dans la première époque, j'ai eu le bonheur de conserver cette île sous le noble pavillon que le Roi avait confié à ma fidélité. Si dans la seconde je n'ai pas été assez heureux pour surmonter les difficultés sans nombre qui se sont opposées à l'amélioration de nos affaires intérieures, j'en ai fait connaître les causes.

--------

(1) Une fille naturelle de M. D...., madame Col...., avait su gagner ses tendres complaisances ; elle était devenue l'objet de ses soins les plus généreux.

en supposant que dans une carrière semée de tant d'écueils, il me soit échappé des irrégularités, des vices de forme, je me flatte que l'on voudra bien considérer la position unique et sans exemple où je me suis trouvé. Je désire au surplus que mes adversaires n'aient pas à éprouver de plus graves reproches.

*Signé* le comte de VAUGIRAUD.

----

*Notes sur l'administration générale.*

Un trésor épuisé, une dette d'un million argent de France, en appointemens, fournitures et salaires; des réparations à faire aux édifices publics évaluées, par aperçu, à 500,000 francs; des bons d'Elbeck pour remboursement des *mocos*, en circulation pour une somme qui n'est pas encore bien connue (1). Une administration des douanes, plus que suspecte, avec des traitemens énormes; une administration muni-

----

(1) C'est la Colonie à laquelle le général gouverneur Donzelot en a fait rembourser insensiblement le montant, et ce montant a toujours été ignoré. Mais il ne l'est pas de ceux qui ont fait une affaire spéculative de ces bons, en les rachetant à vil prix.

cipale aussi chèrement payée et faisant un double emploi avec celle de la marine ; cette dernière elle-même surchargée d'un personnel trop nombreux ; ses formes de comptabilité sont un dédale. La Colonie, dépourvue de chemins ; le détournement des fonds à ce destinés, etc.

Tel était l'état où M. le comte de Vaugiraud se plaint lui-même d'avoir vu la Colonie au moment de son départ.

Tous les faits contenus dans le rapport au Roi de M. le comte de Vaugiraud , répondent victorieusement aux observations sur la conduite de ce gouverneur, contenues dans un gros *factum*, imprimé et publié chez Porthman, rue S.<sup>te</sup>-Anne, n. 43, le 26 novembre 1817, et aux *Avis officiels* de M. Dubuc, datés de Saint-Pierre de la Martinique, les 16, 21, 26 et 29 novembre, 3 et 6 décembre 1817,, contre *M. le comte de Vaugiraud*, et contre les résultats des *Comptes généraux de la Martinique*.

Voilà quatre ans révolus que MM. le comte de Vaugiraud et Dubuc ont été rappelés ; on n'a encore connu publiquement ni le rapport de M. le conseiller-d'état Guizot, ni le jugement de la commission d'enquête, présidée par M. le marquis Barbé de Marbois, ni le parti que le conseil des anciens Ministres, *présidé par M. Decazes ,* a pris sur cette scandaleuse affaire ; on sait que

M. le comte de Vaugiraud est mort sans avoir
vu le Roi; on sait que M. Dubuc a été gratifié
de 12,000 francs; quelques personnes pensent
que cette gratification est annuelle. M. de
la Barthe est employé en activité à Foix, département de l'Arriège, comme colonel. M. de
Malherbe a obtenu une retraite avantageuse.
M. Duchambge, baron d'Elbeck vient d'arriver
de la Martinique, et un journal a publié qu'il
venait, à son arrivée, de marier sa fille avec
500,000 francs de dot; ses comptes sont sur le
point d'être jugés par la Cour royale des comptes ; on lui a accordé cinq ans entiers pour les
mettre en règle, pour les préparer à la Martinique même, et se mettre en état d'obtenir
enfin ce difficile jugement.

Madame la baronne de Ferriet, fille de feu
M. le comte de Vaugiraud, fatiguée des vaines
et illusoires promesses de M. le baron Portal, qui
l'a toujours entretenue dans l'espoir trompeur de
lui faire obtenir, sur le rapport de la Commission
d'enquête, le jugement officiel et définitif du
conseil des Ministres, s'est retirée aux Sables-
d'Olonne, sans pension et sans récompense; son
respectable père ne lui a presque rien laissé,
parce qu'il a tout perdu et que rien ne lui a été
remis des 40,000 francs de rente que la révolution lui a pris. Madame de Ferriet a deux

garçons et une fille, dont l'aîné s'est trouvé trop heureux de rentrer en activité comme lieutenant d'infanterie.

Puisse donc M. le comte de Clermont-Tonnerre, aujourd'hui ministre de la marine, saisir cette occasion d'honorer son ministère en récompensant, d'une manière quelconque, *soixante-quatre ans effectifs*, de services rendus à l'Etat par un des amiraux les plus distingués de la marine française! il est mort dans une honorable médiocrité; mais les jours de ce preux chevalier étaient pleins: la bravoure, les vertus et l'honneur ont marqué tous ses pas dans cette noble carrière; il a été l'ami de son Roi et un des plus fermes soutiens de la Monarchie. Comment tant de gloire serait-elle devenue tout-à-fait inutile à sa fille unique et à ses petits-enfants? Non, M. le comte de Clermont-Tonnerre, dont le noble caractère nous donne les plus heureux augures, se montrera à leur égard, comme à l'égard de tous les orphelins des Colonies et de la marine, un ministre juste et éclairé, et leur servira de père; espérons-le, et croyons avec le colon de Saint-Domingue (1), qu'il ne dédaignera pas de joindre aux qualités de l'homme d'état, les vertus religieuses et pleines d'humanité de Saint-Vincent

---

(1) Lettre d'un colon de Saint-Domingue, etc.

de Paul, si applicables à tant de victimes infor-
tunées des passions des hommes, de la fureur et
de la haine des partis.

> Dieu laissa-t-il jamais ses enfants au besoin !
> ..................................................
> Aux petits des oiseaux il donne la pâture,
> Et sa bonté s'étend sur toute la nature ! ! !

RACINE, Athalie.

En dernier résultat, il est certain que si Madame
la baronne de Ferriet et ses enfants demeuraient
tout-à-fait oubliés par le gouvernement des
Ministres actuels, qui doivent avoir été frappés
des termes dans lesquels Sa Majesté a *commandé*
à Monsieur le baron Portal de lui écrire le
17 novembre 1820, toutes les voies et tous
les moyens de réclamation et de publicité lui
restent alors ouverts pour obtenir justice entière; l'article 17 de la loi sur les délits de la
presse n'a point détruit l'article 372 du Code
pénal.

Et adhuc sub judice lis est !

F I N.

Imprimerie de MIGNERET, rue du Dragon, N.° 20, F. S. G.

www.ingramcontent.com/pod-product-compliance
Lightning Source LLC
Chambersburg PA
CBHW061758050726
47598CB00002B/788